Russisch als zweite Fremdsprache

AF195987

Конечно!

Grammatisches Beiheft

3

von
Ulf Borgwardt

Ernst Klett Verlag
Stuttgart • Leipzig

	§	Seite

Урок 5

Abkürzungen und Symbole

W	Wiederholung	m.	maskulin	Nom.	Nominativ
NEU	Neues Thema	f.	feminin	Gen.	Genitiv
R7	Regel	n.	neutral	Dat.	Dativ
⚠	Beachte!	Sg.	Singular	Akk.	Akkusativ
		Pl.	Plural	Instr.	Instrumental
		Pers.	Person	Präp.	Präpositiv
				uv.	unvollendeter Aspekt
				vo.	vollendeter Aspekt

Куми́ры молодёжи

§ 1 Bedeutung und Gebrauch von уме́ть

W Du kennst bereits zwei Möglichkeiten, wie du im Russischen *können* (möglich/erlaubt sein) ausdrücken kannst: мо́жно + Infinitiv und мочь + Infinitiv (GBH II, § 16).

NEU Du lernst jetzt, wann du *können* durch уме́ть ausdrücken musst.

> Я уме́ю игра́ть на гита́ре. А ты?

Ты **уме́ешь** игра́ть на гита́ре?	**Kannst** du Gitarre spielen?
Да, **уме́ю**, но сейча́с не могу́. Моя́ гита́ра до́ма.	Ja, **kann** ich, aber jetzt geht es nicht. Meine Gitarre ist zu Hause.
Э́то Йра и Ни́на. Они́ хорошо́ **уме́ют** петь.	Das sind Ira und Nina. Sie **können** gut singen.

R 1 *Können* in der Bedeutung *fähig sein/die Fähigkeit besitzen* wird durch уме́ть + **Infinitiv** ausgedrückt.

> Nicht verwechseln:
>
> **können**
>
> **мочь** (Möglichkeit)   **уме́ть** (Fähigkeit)

§ 2 Die III. Deklination der Substantive (и-Deklination)

W Du weißt bereits, dass es im Russischen eine I. und II. Deklination der Substantive gibt und wie diese Substantive dekliniert werden (GBH II, § 8).

NEU Im Russischen werden drei Deklinationsarten unterschieden. Du lernst jetzt, welche Substantive der III. Deklination zuzuordnen sind und wie sie dekliniert werden.

I. Deklination (maskuline Substantive auf -ь)	III. Deklination (feminine Substantive auf -ь)
интере́сн**ый** па́рен**ь** хоро́ш**ий** учи́тел**ь** ле́тн**ий** ден**ь**	интере́сн**ая** рол**ь** хоро́ш**ая** но́вост**ь** ле́тн**яя** ноч**ь**

R 2 Zur III. Deklination gehören die endungslosen **femininen Substantive** auf **-ь**.

> Merke dir bei Substantiven auf **-ь** immer das Geschlecht, da sie maskulin (z. B. ден**ь**) oder feminin (z. B. ноч**ь**) sein können.

Где нахо́дится Кра́сная пло́щадь?	Wo befindet sich der Rote Platz?
Как дойти́ до Кра́сной пло́щади?	Wie kommt man zum Roten Platz?
Гуля́й с И́рой по Кра́сной пло́щади.	Geh mit Ira über den Roten Platz spazieren!
Ты лю́бишь Кра́сную пло́щадь?	Magst du den Roten Platz?
Ты интересу́ешься Кра́сной пло́щадью?	Interessierst du dich für den Roten Platz?
Что ты зна́ешь о Кра́сной пло́щади?	Was weißt du über den Roten Platz?

R3 Die III. Deklination wird auch **и-Deklination** genannt, da im Singular drei Kasus auf **-и** enden.

	III. Deklination	
	Singular	Plural
Nom.	пло́щад**ь**	пло́щад**и**
Gen.	площад**и**	площад**е́й**
Dat.	площад**и**	площад**я́м**
Akk.	пло́щад**ь**	пло́щад**и**
Instr.	пло́щад**ью**	площад**я́ми**
Präp.	(о) пло́щад**и**	(о) площад**я́х**

Tag und Nacht
sind Mann und Frau,
auch день und ночь,
beacht's genau!

⚠ Das **-о-** in **любо́вь entfällt** in den drei Kasus auf **-и** (Genitiv, Dativ, Präpositiv): любви́.

⚠ Nach **Zischlaut** schreibe im Plural die Endungen **-ам**, **-ами**, **-ах**, z. B. ноча́м, ноча́ми, ноча́х.

§3 Bildung und Gebrauch der Adverbien auf -о und -и

W Du kennst bereits russische Adverbien des Ortes (z. B. здесь, там) und der Zeit (z. B. всегда, теперь). Du weißt auch, dass Adverbien im Unterschied zu Adjektiven unveränderlich sind und Verben näher bestimmen können.

NEU Du lernst, woran man die russischen Adverbien der Art und Weise erkennt und wie man sie von Adjektiven ableitet.

Я отли́чный талисма́н!
Я отли́чно игра́ю
в футбо́л, отли́чно
зна́ю ру́сский язы́к и
отли́чно пою́!

Adjektiv	→ Adverb
🇷🇺 Ви́тя интере́сн**ый** па́рень. Ни́на отли́чн**ая** учени́ца. Ра́иса – моя́ ру́сск**ая** подру́га.	Он интере́сн**о** расска́зывает о му́зыке. Она́ отли́чн**о** у́чится. Я с ней говорю́ то́лько **по**-ру́сски.
🇬🇧 He is a successful player.	He plays successful**ly**.

како́й?	как?	како́й язы́к?	как?
интере́сный отли́чный хоро́ший	интере́сно отли́чно хорошо́	ру́сский неме́цкий англи́йский	по-ру́сски по-неме́цки по-англи́йски

R4 Adverbien der Art und Weise bestimmen Verben näher. Bilde sie so:
1. Adjektivstamm + **-о** → Adverb (интере́сн~~ый~~ → интере́сн**о**)
   (nach weichem Stammauslaut -е).
2. Adjektivstamm auf -(е)**ск**-/-**цк**- + -**и** → Adverb (ру́сск~~ий~~ → по-ру́сски)

⚠ Das Adverb steht im **Russischen** oft **vor** dem Verb, im **Deutschen dahinter**.
Я уже́ хорошо́ игра́ю в футбо́л. – *Ich spiele schon gut Fußball.*

⚠ Bei ein- und zweisilbigen Adverbien auf -о wechselt häufig die Betonung, z. B. хоро́ший →
хорошо́, плохо́й → пло́хо, весёлый → ве́село, дешёвый → дёшево, дорого́й → до́рого.

§4 Die Deklination der Possessivpronomen мой, твой, наш, ваш (Plural)

W Du kennst die Singularformen von мой, твой, наш, ваш und ihren Gebrauch (GBH II, §23).

NEU Du lernst, wie мой, твой, наш, ваш im Plural dekliniert werden.

Кто твои́ куми́ры?	Wer sind deine Idole?
Каки́е интере́сы у твои́х куми́ров?	Welche Interessen haben deine Idole?
Что тебе́ осо́бенно нра́вится в твои́х куми́рах?	Was gefällt dir besonders an deinen Idolen?

	Plural			
Nom.	мои́	твои́	на́ши	ва́ши
Gen.	мои́х	твои́х	на́ших	ва́ших
Dat.	мои́м	твои́м	на́шим	ва́шим
Akk.	мои́/мои́х[1]	твои́/твои́х[1]	на́ши/на́ших[1]	ва́ши/ва́ших[1]
Instr.	мои́ми	твои́ми	на́шими	ва́шими
Präp.	(о) мои́х	(о) твои́х	(о) на́ших	(о) ва́ших

[1] Nom. vor unbelebten, Gen. vor belebten Substantiven.

⚠ Die Pluralformen von мой und твой sind stets endbetont, die von наш und ваш stets stammbetont.

Die Possessivpronomen im Plural werden ebenso wie э́ти dekliniert.

Всё понятно?

1 «Мочь» или «уметь»? Вставь глаголы в нужной форме.
– Тина, ты (1) играть на скрипке?
– Нет, к сожалению, не (2). А мой брат Саша очень хорошо (3) играть на скрипке. Но ему только пять лет, поэтому он не (4) участвовать в школьном конкурсе.
– Как жаль. Но Саша (5) выступать с моей сестрой у нас дома. Ирочка (6) играть на пианино. На день рождения нашей бабушки они (7) сделать маленький концерт.

2 Welche Substantive passen von ihrem Deklinationstyp her nicht in die Reihe?
а) учитель, жизнь, лагерь, гость, парень, вещь, апрель, корабль, сентябрь
б) Сибирь, Казань, площадь, достопримечательность, Кремль, крепость, день, ночь
в) жизнь, любовь, парень, дверь, площадь, новость, вещь, июль, молодёжь

3 Дополни окончания (Endungen).
а) Сардаана из Сибир■. Она очень любит Сибир■ с её достопримечательност■.
Из любв■ к Сибир■ она написала песню о Сибир■.
В песне Сардаана рассказывает о достопримечательност■ Сибир■.
б) Настя из Астрахан■. Астрахан■ – старый город на Волге.
Насте нравится в Астрахан■. Она живёт в центре Астрахан■.
Настя любит гулять по Астрахан■. Она часто рассказывает об Астрахан■.

4 Напиши Жене e-mail. Stelle ihm möglichst viele Fragen über seine Heimatstadt Казань. Du kannst dich an Übung 3 orientieren.

5 Leite von den Adjektiven die entsprechenden Adverbien ab.
а) вкусный **в)** красивый **д)** честный **ж)** скучный **и)** дорогой
б) плохой **г)** свободный **е)** английский **з)** немецкий **к)** французский

6 Widersprich und behaupte das Gegenteil.
а) Георг отлично говорит по-русски.
б) Нина интересно рассказывает о конкурсе.
в) Писать письмо по-русски – это просто.
г) Кристиан правильно решил проблему.
д) До магазина идти недалеко.
е) Виноград стоит дорого.

7 На каких языках они говорят? Verwende das passende Adverb.
а) Миша – парень из Москвы.
б) Моника – девчонка из Дрездена.
в) Джон – инженер из Лондона.
г) Симон – журналистка из Парижа.
д) Ахмед – тренер из Стамбула.
е) Хуан – учитель из Мадрида.

8 а) Вставь «твой» в нужной форме.
Кто (1) друзья? Где живут (2) друзья? Как зовут (3) друзей? Сколько лет (4) друзьям? Что тебе нравится в (5) друзьях? Какие интересы у (6) друзей?
С (7) друзьями интересно проводить время? Что ещё можно сказать о (8) друзьях?
б) Stelle die Fragen von a) an eine Person, die du siezt.

▶ Die Lösungen findest du auf Seite 37.

Счастли́вого пути́!

§5 Die Grundzahlen 200–999

W Du kennst die Grundzahlen 1–199 (GBH I, §§ 2 und 25; GBH II, § 18).

NEU Du lernst nun die Grundzahlen von 200 bis 999.

200	две́сти	**300**	три́ста	**700**	семьсо́т
202	две́сти два	**400**	четы́реста	**800**	восемьсо́т
212	две́сти двена́дцать	**500**	пятьсо́т	**900**	девятьсо́т
220	две́сти два́дцать	**600**	шестьсо́т	**999**	девятьсо́т девяно́сто де́вять

⚠️ Zusammengesetzte Zahlen werden durch einfache Aneinanderreihung mehrerer Glieder gebildet. Dabei lautet die Reihenfolge anders als im Deutschen, aber wie im Englischen: **Hunderter – Zehner – Einer**, z. B. 761 =

🇷🇺 семьсо́т шестьдеся́т оди́н

🇬🇧 seven hundred and sixty-one ≠ 🇩🇪 siebenhunderteinundsechzig

> Bei zusammengesetzten Zahlwörtern ab 21 richten sich Numerus und Kasus des nachfolgenden Substantivs nach dem **letzten Wort**, z. B. 76**1** рубл**ь**.

> Auf volle Hunderter folgt das Substantiv im **Genitiv Plural**, z. B. 500 рубл**ей**.

⚠️ **Unbetontes е** und **я** werden etwa wie kurzes [и] ausgesprochen, z. B. **пятьсо́т** – sprich: **п[и]тьсо́т**, **семьсо́т** – sprich: **с[и]мьсо́т**, **девятьсо́т** – sprich: **д[и]в[и]тьсо́т**.

§6 Die Deklination der neutralen Substantive auf -ие

W Du weißt, wie Neutra mit weichem Stammauslaut (z. B. море) dekliniert werden (GBH II, S. 33).

EU Du lernst jetzt, wie man die Substantive auf -**ие** dekliniert.

	Substantive auf -e		Substantive auf -**ие**	
	Singular	Plural	Singular	Plural
Nom.	мо́ре	моря́	зда́ние	зда́ния
Gen.	мо́ря	море́й	зда́ния	зда́ний (!)
Dat.	мо́рю	моря́м	зда́нию	зда́ниям
Akk.	мо́ре	моря́	зда́ние	зда́ния
Instr.	мо́рем	моря́ми	зда́нием	зда́ниями
Präp.	(о) мо́ре	(о) моря́х	(о) зда́нии (!)	(о) зда́ниях

⚠ Viele Substantive auf -ие sind von Verben abgeleitet. Sie bezeichnen Handlungen und Zustände, z. B. прибы́ть ➝ прибы́тие, отпра́виться ➝ отправле́ние, пригласи́ть ➝ приглаше́ние.

§7 Die Deklination von путь (III. Deklination)

W Du weißt bereits, dass alle Feminina auf -ь zur III. Deklination (и-Deklination) der Substantive gehören (§ 2).

EU Als einziges maskulines Substantiv wird путь nach der III. Deklination dekliniert (Ausnahme Instrumental Singular).

С како́го пути́ отправля́ется по́езд в Су́здаль?	Von welchem Gleis fährt der Zug nach Susdal ab?
Счастли́вого пути́!	Glückliche Reise!
Что вы де́лаете по пути́ в Су́здаль?	Was macht ihr auf dem Weg nach Susdal?
На како́й путь прибыва́ет наш по́езд?	Auf welchem Gleis kommt unser Zug an?
Вы пое́хали в Су́здаль прямы́м путём?	Seid ihr auf direktem Weg nach Susdal gefahren?
Ско́лько часо́в вы бы́ли в пути́?	Wie lange wart ihr unterwegs?

	Singular	Plural
Nom.	путь	пути́
Gen.	пути́	путе́й
Dat.	пути́	путя́м
Akk.	путь	пути́
Instr.	путём (!)	путя́ми
Präp.	(о) пути́	(о) путя́х

⚠ Die Formen von путь sind stets endbetont.

§8 Die Grundzahlen ab 1000

w Du lernst jetzt die noch fehlenden Grundzahlen ab 1000.

1000	(однá) тысяча	**5000**	пять тысяч	**1000 000**	(одúн) миллиóн
2000	две тысячи	**10000**	дéсять тысяч	**2000 000**	два миллиóна
4000	четыре тысячи	**100000**	сто тысяч	**5000 000**	пять миллиóнов

R1 Die Zahlwörter **тысяча** und **миллиóн** werden wie die Substantive der II. bzw. I. Deklination verändert. Sie richten sich in Kasus und Numerus nach dem vorausgehenden Grundzahlwort (**две тысячи**, **два миллиóна**).

⚠ Auch große zusammengesetzte Zahlen werden durch einfache Aneinanderreihung der einzelnen Glieder gebildet. Dabei lautet die Reihenfolge:
Million(en) – Tausender – Hunderter – Zehner – Einer, z.B.
2 950 345 = два миллиóна девятьсóт пятьдесят тысяч трúста сóрок пять

> Bei zusammengesetzten Zahlwörtern ab 21 richten sich Numerus und Kasus des nachfolgenden Substantivs nach dem **letzten Wort**, z.B. 200 70**1 рубль**.

> Auf volle Tausender und Millionen folgt das Substantiv im **Genitiv Plural**, z.B. 5000 000 **рублéй**.

⚠ In **тысяча** wird unbetontes **я** wie kurzes [и] und unbetontes **a** wie ein sehr kurzes [a] ausgesprochen: **тыс[и]ч[a]**.

В э́той дерéвне живё**т** 300 человéк.	In diesem Dorf leb**en** 300 Menschen.
Рáньше здесь жи́л**o** 1000 человéк.	Früher lebt**en** hier 1000 Menschen.

R2 Anders als im Deutschen steht das Prädikat nach Wortgruppen von **Grundzahl + Substantiv** meist in der **3. Pers. Sg. Neutrum**. Der Plural wird gewöhnlich dann gebraucht, wenn das Subjekt Lebewesen bezeichnet, deren Anzahl besonders hervorgehoben werden soll. Er wird auch in der Umgangssprache bevorzugt verwendet.

⚠ Der Genitiv Plural von **лю́ди** nach Zahlen lautet **человéк: мнóго людéй** ⟷ **100 человéк**.

§9 Der Komparativ und Superlativ der Adjektive (1)

w Du kennst bereits die Grundstufe (**Positiv**) der Adjektive (GBH II, §§ 2, 13, 24).
Viele Adjektive lassen sich (wie im Deutschen und Englischen) steigern.
Auch im Russischen wird dabei zwischen **Komparativ** und **Superlativ** unterschieden.

EU Du lernst jetzt, wie man den **zusammengesetzten** Komparativ und Superlativ bildet.

Grundstufe (Positiv)	Komparativ	Superlativ
1. attributiver Gebrauch		
Э́то **высо́кий** дом. Я живу́ в **высо́ком** до́ме. Ich wohne in einem **hohen** Haus.	Э́то **бо́лее высо́кий** дом. Я живу́ в **бо́лее высо́ком** до́ме. Ich wohne in einem **höheren** Haus.	Э́то **са́мый высо́кий** дом. Я живу́ в **са́мом высо́ком** до́ме. Ich wohne im **höchsten** Haus.
2. prädikativer Gebrauch		
Э́тот па́мятник **совреме́нный**. Dieses Denkmal ist **modern**.	Э́тот па́мятник **бо́лее совреме́нный**. Dieses Denkmal ist **moderner**.	Э́тот па́мятник **са́мый совреме́нный**. Dieses Denkmal ist **am modernsten**.

R3 Die **zusammengesetzten** Steigerungsformen werden sowohl **attributiv** als auch **prädikativ** gebraucht.
– Bildung des **Komparativs**:
бо́лее/ме́нее (**unveränderlich**) + dekliniertes Adjektiv + Substantiv
– Bildung des **Superlativs**:
са́мый (**veränderlich**) + dekliniertes Adjektiv + Substantiv
Са́мый und das zu steigernde Adjektiv stimmen mit dem Bezugssubstantiv in **Genus**, **Numerus** und **Kasus** überein.

Die Abschwächung eines Merkmals wird mit **ме́нее** ausgedrückt:
→ Я живу́ в **ме́нее** красивом городе.
   (... weniger/nicht so schönen ...)

⚠ Wenige Adjektive bilden zusätzliche Steigerungsformen auf **-ш**-ий.
Sie können sowohl als Komparativ als auch als Superlativ übersetzt werden, z. B.

хоро́ший ➔ **лу́чший** (учени́к)	der bessere/der beste (Schüler)
плохо́й ➔ **ху́дший** (певе́ц)	der schlechtere/der schlechteste (Sänger)

⚠ Beachte auch folgende Komparativformen.
Sie werden **nicht dekliniert** und nur **prädikativ** gebraucht:

хоро́ший ➔ **лу́чше** (= бо́лее хоро́ший)
плохо́й ➔ **ху́же** (= бо́лее плохо́й)
большо́й ➔ **бо́льше**
Сего́дня пого́да лу́чше/ху́же. – Heute ist das Wetter besser/schlechter.

§ 10 Der Vergleich beim Komparativ (1)

> Кака́я ша́пка лу́чше? Кра́сная ша́пка бо́лее элега́нтная, чем зелёная. А зелёная бо́лее оригина́льная, чем кра́сная …

NEU Du lernst, wie man Vergleiche mit *als* im Russischen ausdrücken kann.

Байка́л – бо́лее глубо́кий, **чем** Бо́денское о́зеро.	Der Baikalsee ist tiefer als der Bodensee.
Зима́ в Росси́и – бо́лее холо́дная, **чем** в Герма́нии.	Der Winter in Russland ist kälter als in Deutschland.
На́стя живёт на бо́лее дли́нной у́лице, **чем** Же́ня.	Nastja wohnt in einer längeren Straße als Schenja.
Каза́нь бо́льше, **чем** А́страхань.	Kasan ist größer als Astrachan.

R4 Beim zusammengesetzten Komparativ wird der Vergleich *als* durch **чем + Vergleichswort** ausgedrückt. Vor **чем** steht dabei – anders als im Deutschen – immer ein **Komma**.

Nicht verwechseln:
чем? – *womit?* ⬌
бо́лее/ме́нее …, чем – *als*

Всё понятно?

1 а) Напиши эти номера телефона цифрами (als Ziffern).

1. двести пятнадцать – сорок семь – девяносто один
2. шестьсот тридцать пять – тринадцать – пятьдесят три
3. четыреста семьдесят – девяносто шесть – восемьдесят четыре

б) Прочитай вслух (laut) следующие номера телефона.

1. 348-56-31　2. 539-44-98　3. 212-81-66　4. 819-72-39　5. 449-94-37　6. 755-84-59

2 Прочитай e-mail и дополни окончания.

Маша, привет!

Ты уже слышала о нашем путешеств■ в Тверь? Это было настоящее приключен■! Перед отправлен■ автобуса пошёл снег – в мае! Конечно, мы прибыли с опоздан■. Гостиница находилась в красивом старом зда■. Ты же знаешь, как я люблю старые здан■! И как я рада, что во время каникул нет домашних задан■ …

3 Erkundige dich danach,

а) wo sich Gleis 7 befindet.　**б)** auf welchem Gleis der Zug nach Berlin steht.　**в)** von welchem Gleis der Zug nach Omsk abfährt.　**г)** auf welchem Gleis der Zug nach Tula ankommt.

4 Напиши, сколько человек живёт в этих городах:

а) Москва (10 425 075)　　**в)** Берлин (3 405 259)　　**д)** мой родной город/
б) Петербург (4 580 620)　**г)** Воркута (71 402)　　　　моя родная деревня

5 Übertrumpfe deinen Gesprächspartner. Steigere dazu das Adjektiv.

➠ Мой брат – умный. → А мой брат – ещё более умный.

а) Наш диван – удобный.　　　　　　　**г)** Моя учительница – очень симпатичная.
б) Мой друг – талантливый гитарист.　**д)** Наша квартира – светлая.
в) Моя подруга – весёлая.　　　　　　**е)** Наши друзья – успешные спортсмены.

6 Du willst es genauer wissen. Frage nach wie im Muster.

➠ В этом городе много необычных памятников. → А какой из них самый необычный?

а) В городе на Неве много больших площадей.　**в)** В Эрмитаже много известных картин.
б) В Кремле несколько красивых соборов.　　　**г)** Сколько в Москве новых магазинов!

7 Сравни.　➠ длинная река: Волга, Енисей, Лена → Енисей – длинная река.
　　　　　　Волга – более длинная река. Лена – самая длинная река.

а) глубокое озеро: Байкал (1637 м), Каспийское море (995 м), Ладожское озеро (225 м)
б) старый город: Москва (1147 г.), Смоленск (863 г.), Тула (1146 г.)
в) высокая гора: Белуха (4506 м), Народная (1895 м), Эльбрус (5472 м)

8 Сравни одноклассников **а)** с Ирой und **б)** с Витей.

➠ Катя очень спортивная. → А Ира более (менее) спортивная, чем Катя.

1. Таня симпатичная ученица.　　　3. У Жени светлые волосы.
2. Марк успешный спортсмен.　　　4. У Ани короткие волосы.

▶ Die Lösungen findest du auf Seite 37/38.

По обме́ну в Росси́и

§ 11 Die Deklination von мать und дочь (III. Deklination)

Жизнь без матери – рассказывает дочь

Проблемы с дочерьми?
Кто помогает матерям?

W Du weißt, dass alle Feminina auf -ь zur III. Deklination (и-Deklination) gehören (§ 2).

NEU Du lernst nun zwei weitere Substantive der III. Deklination mit Besonderheiten kennen.

	Singular	Plural	Singular	Plural
Nom.	ма**ть**	ма́т**ери**	доч**ь**	до́ч**ери**
Gen.	ма́т**ери**	мат**ере́й**	до́ч**ери**	доч**ере́й**
Dat.	ма́т**ери**	мат**еря́м**	до́ч**ери**	доч**еря́м**
Akk.	ма**ть**	мат**ере́й**	доч**ь**	доч**ере́й**
Instr.	ма́т**ерью**	мат**еря́ми**	до́ч**ерью**	доч**ерьми́** (доч**еря́ми**)
Präp.	(о) ма́т**ери**	(о) мат**еря́х**	(о) до́ч**ери**	(о) доч**еря́х**

R 1 Bei der Deklination von **мать** und **дочь** wird der **Stamm** um -ер- **erweitert** (außer im Akk. Sg.).

⚠ Wie дочь bilden auch де́ти und лю́ди den Instrumental Plural auf -**ьми**, z. B. **с детьми́**, **с людьми́**.

§ 12 Die Pluraldeklination von брат und сын

W Du weißt, dass einige Maskulina den Nominativ Plural auf -a bzw. -я bilden (GBH II, § 6).

NEU Es gibt noch weitere Maskulina mit der Endung -a/-я im Plural. Dazu gehören сын (➝ сыновья́), друг (➝ друзья́), брат (➝ бра́тья) und стул (➝ сту́лья).

Ско́лько у тебя́ бра́тьев и сестёр?

Nom. Sg.	брат	стул	друг	сын
Plural	▼	▼	▼	▼
Nom.	бра́т**ья**	сту́ль**я**	друз**ья́**	сын**овья́**
Gen.	бра́т**ьев** (!)	сту́ль**ев** (!)	друз**е́й** (!)	сын**ове́й** (!)
Dat.	бра́т**ьям**	сту́ль**ям**	друз**ья́м**	сын**овья́м**
Akk.	бра́т**ьев** (!)	сту́ль**я**	друз**е́й** (!)	сын**ове́й** (!)
Instr.	бра́т**ьями**	сту́ль**ями**	друз**ья́ми**	сын**овья́ми**
Präp.	(о) бра́т**ьях**	(о) сту́ль**ях**	(о) друз**ья́х**	(о) сын**овья́х**

R2 Sind die Substantive mit Plural auf -**ья stammbetont**, lautet der Genitiv Plural -**ьев**, sind sie **endbetont**, lautet er -**ей**.

§ 13 Der Aspektgebrauch im Präteritum (2)

W Du weißt, dass du dich bei Verben im Präteritum für einen Aspekt entscheiden musst (GBH II, §§ 3 und 5).

EU Du lernst, welchen Aspekt du bei der Angabe mehrerer Handlungen verwenden musst.

R3 Aspektgebrauch bei mehreren Handlungen:

Ребя́та **стоя́ли** на сце́не и **пе́ли** но́вую пе́сню.
Die Jugendlichen standen auf der Bühne und sangen ein neues Lied.

Когда́ ребя́та **стоя́ли** на сце́не, они́ **пе́ли** но́вую пе́сню.
Als (während) die Jugendlichen auf der Bühne standen, sangen sie ein neues Lied.

Unvollendete Verben bezeichnen mehrere **gleichzeitig** ablaufende Handlungen (⇄).

Ребя́та **вы́ступили** на конце́рте и **пошли́** на дискоте́ку.
Die Jugendlichen traten im Konzert auf und gingen (dann) in die Diskothek.

Ребя́та **вы́ступили** на конце́рте. Пото́м они́ **пошли́** на дискоте́ку.
Die Jugendlichen traten im Konzert auf. Danach gingen sie in die Diskothek.

Vollendete Verben bezeichnen mehrere **aufeinanderfolgende einmalige** Handlungen (→|→|→|).

§ 14 Die Ordnungszahlen ab 40

W Du kennst bereits die Ordnungszahlen bis 39 (GBH I, §§ 16 und 39).

NEU Jetzt lernst du die Ordnungszahlen ab 40 kennen und gebrauchen.

40. – сороково́й, -а́я, -о́е	70. – семидеся́тый	99. – девяно́сто девя́тый
50. – пятидеся́тый, -ая, -ое	80. – восьмидеся́тый	100. – со́тый
60. – шестидеся́тый	90. – девяно́стый	2000. – двухты́сячный

в сороково́й день, на семидеся́том этаже́, в со́той кварти́ре, в сороково́м ряду́, на со́том ме́сте, в сто девяно́сто девя́той шко́ле

R4 Ordnungszahlen werden wie **Adjektive** behandelt (GBH II, §§ 2 und 13).
Bei **mehrgliedrigen** Zahlen wird – wie im Englischen – nur das **letzte Glied** durch ein **Ordnungszahlwort** ausgedrückt:

🇷🇺 со́рок второ́й   🇬🇧 forty-second

⚠ Anders als im Deutschen setzt man im Russischen bei Ordnungszahlen keinen Punkt, sondern gibt meist die verkürzte Endung an, z. B. 50-е ме́сто, в 122-м авто́бусе.

§ 15 Die Angabe der Jahreszahlen

W Du kannst nach dem Datum (Tag, Monat) fragen und dazu Angaben machen (GBH I, § 40).

NEU Du lernst, wie man die Jahreszahl sowie das Datum mit Jahreszahl angibt.

Како́й год бу́дет че́рез 10 лет?	2020 (= две ты́сячи двадца́тый) год.
Когда́ (**в како́м году́**) был старт пе́рвого спу́тника?	Э́то бы́ло в 1957 (= в ты́сяча девятьсо́т пятьдеся́т седьмо́м) году́.
Когда́ (**како́го числа́ како́го го́да**) был старт?	Он был 4 октября́ 1957 (= ты́сяча девятьсо́т пятьдеся́т седьмо́го) го́да.
В како́м году́ родила́сь Ве́рочка?	Она́ родила́сь в 2002 (= в две ты́сячи второ́м) году́.
Когда́ (**како́го числа́ како́го го́да**) она́ пошла́ в шко́лу?	Она́ пошла́ в шко́лу 1 сентября́ 2008 (= две ты́сячи восьмо́го) го́да.

R5 Die **Jahresangabe** erfolgt – anders als im Deutschen oder Englischen – durch eine **Ordnungszahl**. Diese stimmt in Genus, Numerus und Kasus mit год überein:

Како́й год?	2012-й (две ты́сячи двена́дцатый) год.	→ **Nom.**
В како́м году́?	В 2012-м (две ты́сячи двена́дцатом) году́.	→ в + **Präp.**
Како́го числа́?	1-го ма́я 2012-го (две ты́сячи двена́дцатого) го́да.	→ Monat im **Gen.** + Jahr im **Gen.**

⚠ Datumsangaben werden in der Regel ohne verkürzte Endung notiert, z. B. 1 мая 2012 г.

Lerne dein Geburtsjahr und deinen Geburtstag auf Russisch auswendig. So weißt du immer, wie man das Datum korrekt angibt.

§ 16 Das einfache Futur

W Du kennst bereits das zusammengesetzte Futur (GBH II, § 25).

NEU Du lernst jetzt, wie man das einfache Futur bildet und wann du es gebrauchen musst.

R 6 Regeln für den Aspektgebrauch im Futur (B = Bildung, G = Gebrauch):

	Zusammengesetztes Futur:	**Einfaches** Futur:
B	Она́ **бу́дет писа́ть** письмо́.	Она́ **напи́шет** письмо́.
	= konjugiertes **быть** + Infinitiv des **unvollendeten** Verbs	= konjugierte Form des **vollendeten** Verbs
G	Du betrachtest zukünftige Handlungen – in ihrem **Verlauf**, ihrer **Dauer** ($\longrightarrow$)	Du betrachtest zukünftige Handlungen – mit Blick auf ihr **Ergebnis** ($\longrightarrow\!\mid$)
	Ве́чером Ла́ура ещё до́лго **бу́дет писа́ть** еме́йлы друзья́м. Am Abend wird Laura noch lange Zeit E-Mails an ihre Freunde schreiben.	За́втра Ла́ура обяза́тельно **напи́шет** еме́йлы друзья́м. Laura wird morgen auf jeden Fall E-Mails an ihre Freunde schreiben.
	– mit Blick auf ihre **Wiederholung** ($\longrightarrow$ $\longrightarrow$)	– mit Blick auf ihre **Einmaligkeit** ($\longrightarrow\!\mid$)
	Она́ ча́сто **бу́дет писа́ть** еме́йлы домо́й. Sie wird oft E-Mails nach Hause schreiben.	Ла́ура сейча́с **напи́шет** e-mail домо́й. Laura wird gleich eine E-Mail nach Hause schreiben.
	– mit Blick auf ihren **gleichzeitigen** Ablauf ($\rightrightarrows$)	– mit Blick auf die **Aufeinanderfolge einmaliger** Handlungen ($\longrightarrow\!\mid\longrightarrow\!\mid\longrightarrow\!\mid$)
	Ла́ура **бу́дет писа́ть** еме́йлы и **слу́шать** му́зыку. Laura wird E-Mails schreiben und (dabei) Musik hören.	Ла́ура снача́ла **напи́шет** еме́йлы, а пото́м она́ **пойдёт** в кино́. Laura wird erst E-Mails schreiben und dann ins Kino gehen.

> Verbinde **nie** das konjugierte Hilfsverb **быть** mit dem Infinitiv vollendeter Verben!

⚠ Bestimmte „Signalwörter" erleichtern dir wie beim Präteritum die Entscheidung, ob du das zusammengesetzte oder das einfache Futur verwenden musst:

! Auf das **zusammengesetzte Futur** weisen hin:	**!** Auf das **einfache Futur** weisen hin:
– во вре́мя (кани́кул), всё вре́мя, всегда́, до́лго, час (два часа́, …), год (два го́да, …) – ка́ждый (день, год, …), иногда́, мно́го (раз), обы́чно, по понеде́льникам (вто́рникам, …), ча́сто	– в конце́ (дня), обяза́тельно, сейча́с – вдруг – по́сле э́того, пото́м, наконе́ц

⚠ Zukünftige Handlungen werden im Russischen ebenso wie im Englischen konsequenter als im Deutschen durch das Futur wiedergegeben, z. B.

🇷🇺 За́втра я **позвоню́** тебе́.   🇩🇪 Morgen **rufe** ich dich **an**.

🇬🇧 **I'll call** you tomorrow.

Nur Verben der Fortbewegung werden auch häufig im Präsens gebraucht, wenn die Handlung schon fest geplant ist, z. B. За́втра мы **идём**/пойдём в кино́.

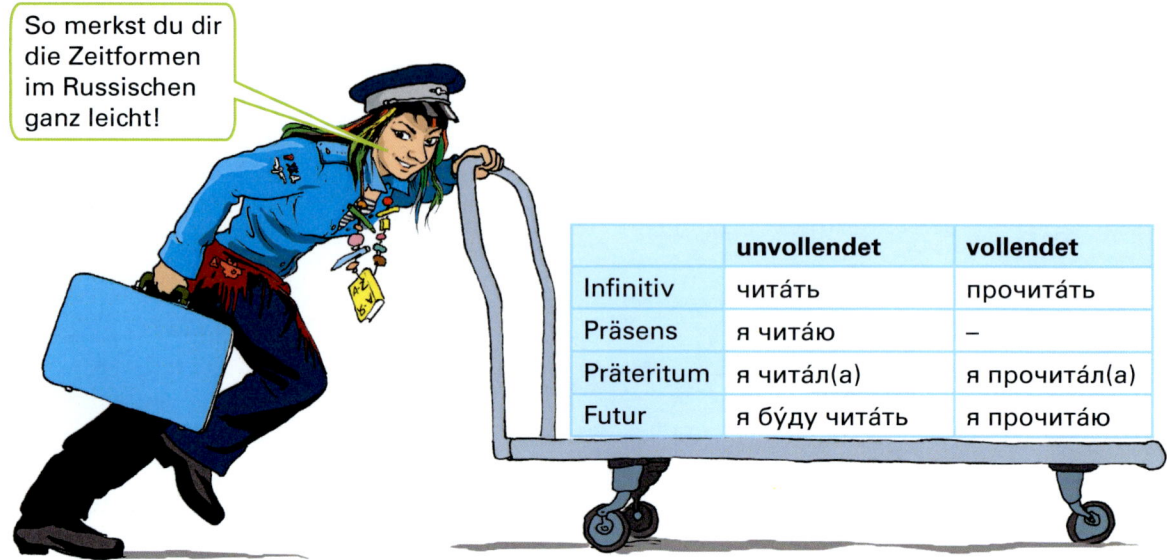

So merkst du dir die Zeitformen im Russischen ganz leicht!

	unvollendet	vollendet
Infinitiv	читáть	прочитáть
Präsens	я читáю	–
Präteritum	я читáл(а)	я прочитáл(а)
Futur	я бýду читáть	я прочитáю

§ 17 Das Präfix по- bei Verben

W Du weißt, dass Verben ohne Präfix durch Vorsetzen von Präfixen wie по- oft zu vollendeten Verben werden, z. B. звонить *(uv.)* – позвонить *(vo.)*.

NEU Durch das Präfix по- ändert sich bei einigen Verben nicht nur deren Aspekt, sondern auch deren Bedeutung.

| **по**сидéть *(vo.)*
поговори́ть *(vo.)*
попи́ть *(vo.)*
погуля́ть *(vo.)* | – eine **Weile** sitzen
– eine **Zeit lang** reden
– ein **wenig** trinken
– **etwas** spazieren gehen | Мы **по**сидéли в гости́ной,
поговори́ли о семьé
и **по**пи́ли чай.
Потóм мы **по**гуля́ли в пáрке. |

R7 Durch das Voranstellen von **по**- wird die **zeitliche Begrenzung** der Handlung hervorgehoben. Das Präfix **по**- hat die Bedeutung „eine Zeit lang", „eine Weile", „ein wenig", „eine kurze Zeit", „etwas". Die Verben sind in dieser Bedeutung nur vollendet und haben keinen unvollendeten Aspektpartner.

| **по**йти́ *(vo.)*
поéхать *(vo.)*
полетéть *(vo.)* | – **los**gehen
– **los**fahren
– **los**fliegen | **По**йдём в кинó!
Чéрез дéсять минýт я **по**éду купáться.
Скóро мы **по**лети́м в Москвý. |

R8 Bei den bestimmten Verben der Fortbewegung wird durch das Voranstellen von **по**- der **Handlungsbeginn** hervorgehoben.

Всё понятно?

1 Расскажи русскому другу о своей (deine) матери. Текст об отце поможет (hilft) тебе.

➜ Мой отец – учитель. Он работает в школе. Моему отцу 38 лет. Особенно мне нравится в моём отце, что у него всегда есть время для меня. С отцом я могу говорить обо всём.

2 У твоей русской подруги есть два брата. Узнай больше о них.

> Чем интересуются твои (3)?

> Сколько лет твоим (1)?

> Что тебе нравится в твоих (2)?

> Ты часто ходишь в кино с твоими (4)?

3 Дополни предложения. Gebrauche den richtigen Aspekt im Präteritum.
Первый день во Владимире. Катя и Лаура (идти/пойти) в школу, и Лаура сразу (знакомиться/познакомиться) с одноклассниками Кати. На уроке немецкого Лаура много (рассказывать/рассказать) о Германии и (показывать/показать) фотографии. После обеда немецкие ученики (встречаться/встретиться) во дворе и (ехать/поехать) в центр города. Когда они (смотреть/посмотреть) соборы, они внимательно (слушать/послушать) гида. Вечером Лаура (писать/написать) SMS-ки, а Катя (делать/сделать) уроки.

4 a) Welche Ordnungszahlwörter fehlen in der Reihe?
десятый, двадцатый, тридцатый, пятидесятый, шестидесятый, восьмидесятый, сотый
б) Ответь на вопросы. Ersetze die Ziffern durch die entsprechenden Ordnungszahlwörter.
1. На каком этаже живут Лена и Коля? (10)
2. В какой квартире они живут? (40)
3. В какой школе они учатся? (152)
4. Какой автобус идёт до стадиона? (90 и 50)
5. Какие у нас места? (68, 69 и 70)
6. На каком автобусе ты едешь? (100)

5 Прочитай текст вслух (laut). Sprich die Datumsangaben korrekt aus.
Лена родилась в 1998 г., 29 июля 1998 г. Три года – с 2001 г. по 2004 г. – она ходила в детский сад. 1 сентября 2004 г. Лена пошла в начальную школу, а в 2007 г. она пошла в гимназию. С 2008 г. Лена ходит в кружок «Наш мир», а с 2010 г. она играет на саксофоне.

6 Sage, dass du dir fest vorgenommen hast, als Nächstes das Gleiche zu tun.

➜ Лаура фотографирует собор. – Сейчас я тоже сфотографирую собор.

а) Лаура покупает матрёшку.
б) Витя пишет SMS-ку.
в) Туристы смотрят на башню.
г) Они посещают выставку.
д) Ира идёт на рынок.
е) Катя встречается с другом.

7 Einfaches oder zusammengesetztes Futur? Дополни диалог.
– Лаура, когда ты, наконец, 📞 дедушке? Ты сказала, что ты 📞 ему каждый день.
– Катя, я сначала ✉ Мите e-mail, а потом …
– Извини, а как долго ты ✉ e-mail?
– Пять минут. А потом я 📞 дедушке.

8 Переведи. Verwende Verben mit dem Präfix «по-».
а) Ich möchte kurz mit dir sprechen.
б) Morgen fahre ich nach Jekaterinburg.
в) Wir saßen eine Weile im Café und haben etwas Kaffee getrunken.

▶ Die Lösungen findest du auf Seite 38.

Мы умеем веселиться

§ 18 Die Wiedergabe von *man*

В Росси́и всегда́ **пра́здновали** Ма́сленицу.	In Russland hat **man** immer Masleniza gefeiert.
Э́тот пра́здник **пра́зднуют** в конце́ зимы́.	Dieses Fest feiert **man** am Ende des Winters.
Об э́том **бу́дут писа́ть** в газе́тах.	Darüber wird **man** in den Zeitungen schreiben.
На Ма́сленицу **пеку́т** блины́ и **организо́вывают** я́рмарки.	Zum Maslenizafest backt **man** Pfannkuchen und organisiert Jahrmärkte.

R1 Das deutsche *man* wird auf Russisch mit der **3. Person Plural** eines Verbs ausgedrückt. Im russischen Satz steht dann kein Subjekt.

⚠ Diese Konstruktion kannst du im Deutschen oft auch durch die Passivform wiedergeben, z. B. Здесь говоря́т по-ру́сски. – *Hier spricht **man** Russisch.*
= *Hier **wird** Russisch **gesprochen**.*

§ 19 Das Determinativpronomen весь

NEU Du lernst die Deklinationsformen und den Gebrauch von весь, всё, вся – *ganz* und все – *alle*.

Весь го́род гото́вится к пра́зднику.	Die ganze Stadt bereitet sich auf das Fest vor.
Ка́тя пра́зднует день рожде́ния вме́сте со вс**ей** семьёй и вс**е́ми** друзья́ми.	Katja feiert ihren Geburtstag zusammen mit der ganzen Familie und allen Freunden.
Вс**ем** лю́дям нра́вится э́тот пра́здник.	Allen Leuten gefällt dieses Fest.

R2 Die Formen des **Determinativpronomens** весь, всё, вся – *ganz* und все – *alle* stimmen mit dem zugehörigen Substantiv in **Genus**, **Numerus** und **Kasus** überein.

	Singular			Plural
	maskulin	neutral	feminin	
Nom.	весь	всё	вс**я**	все
Gen.	вс**его́**[1]	вс**его́**[1]	вс**ей**	всех
Dat.	вс**ему́**	вс**ему́**	вс**ей**	всем
Akk.	весь/вс**его́**[2]	всё	вс**ю**	все/всех[2]
Instr.	вс**ем**	вс**ем**	вс**ей**	вс**е́ми**
Präp.	(обо) вс**ём**	(обо) вс**ём**	(обо) вс**ей**	(обо) всех

[1] Aussprache des г wie [в].
[2] Nom. vor unbelebten, Gen. vor belebten Substantiven.

⚠️ Vor den Formen von весь, вся, всё, все wird an Präpositionen, die auf einen Konsonanten enden oder aus einem Konsonanten bestehen, in der Regel ein **o** angehängt, z. B. **изо** всех городо́в, **со** всей семьёй, **ко** всем друзья́м.
Aus **o** wird **обо**, z. B. говори́ть **обо** всех пробле́мах.

⚠️ Bei der Angabe einer **Zeitdauer** in Verbindung mit einem Substantiv wird весь wie im Deutschen im **Akkusativ** verwendet, z. B. Мы весь ве́чер учи́ли слова́. Она́ всю ночь спала́.

⚠️ Всё und все kannst du auch ohne Substantiv gebrauchen, z. B. Всё (бы́ло/бу́дет) хорошо́. Все живу́т в хо́столе. Они́ всех пригласи́ли на ве́чер.

§20 Die reflexiven Verben mit -ся ohne Akkusativobjekt

W Du weißt, woran man die russischen reflexiven Verben erkennt und wie man sie gebraucht (GBH I, §§ 30 und 44).

NEU Du lernst, wann Verben wie начинать, кончать mit und wann sie ohne -ся verwendet werden.

Пе́рвый уро́к начина́ет**ся** в 7:30.

Die erste Stunde beginnt um 7:30.

Учи́тель начина́ет уро́к ру́сского языка́.

Der Lehrer beginnt die Russischstunde.

После́дний уро́к конча́ет**ся** в 13:15.

Die letzte Stunde endet um 13:15.

Учи́тельница конча́ет после́дний уро́к.

Die Lehrerin beendet die letzte Stunde.

Игра́ начала́**сь**.

Das Spiel hat begonnen.

Ученики́ на́чали игру́.

Die Schüler haben das Spiel begonnen.

R3	Unterscheide im Russischen
1. **reflexive** Verben mit **-ся/-сь**: haben **nie** ein **Akkusativobjekt**	2. **nichtreflexive** Verben: **können** ein **Akkusativobjekt** nach sich ziehen

⚠️ Nach **начина́ть/нача́ть** und **конча́ть/ко́нчить** steht immer der Infinitiv des **unvollendeten** Verbs, z. B. Мы уже́ на́чали писа́ть контро́льную рабо́ту.

Gebrauche **reflexive Verben nie** mit einem **Akkusativobjekt**!

§21 Das Demonstrativpronomen тот

W Du kennst bereits das Demonstrativpronomen э́тот – *dieser* (GBH II, § 15).

NEU Du lernst, wie die Formen von тот – *jener* gebildet werden und wann du э́тот bzw. тот verwenden musst.

> Э́т**а** де́вушк**а** ест блины́, а **та** ест моро́женое. — Dieses Mädchen isst Pfannkuchen und jenes Eis.
>
> Э́т**ому** па́рню нра́вится пра́здник, а т**ому́** он не нра́вится. — Diesem Jungen gefällt das Fest und jenem gefällt es nicht.
>
> Мы танцева́ли с э́тими ребя́тами, а с те́ми мы ката́лись на тро́йке. — Mit diesen Jugendlichen haben wir getanzt und mit jenen sind wir Troika gefahren.

R4 Das **Demonstrativpronomen** тот, то, та, те – *jener* stimmt mit dem Bezugswort in **Genus**, **Numerus** und **Kasus** überein. Im Singular wird тот, то, та wie э́тот, э́то, э́та dekliniert (GBH II, § 15). Ausnahme: **Instrumental** von тот/то = **тем**. Die Pluralformen von те werden wie die von все gebildet (§ 19).

	Singular			Plural
	maskulin	neutral	feminin	
Nom.	тот	то	та	те
Gen.	того́[1]	того́[1]	той	тех
Dat.	тому́	тому́	той	тем
Akk.	тот/того́[2]	то	ту	те/тех[2]
Instr.	тем (!)	тем (!)	той	те́ми
Präp.	(о) том	(о) том	(о) той	(о) тех

Beachte den Instrumental Singular:
с э́тим ма́льчиком
с тем ма́льчиком

[1] Aussprache des г wie [в].
[2] Nom. vor unbelebten, Gen. vor belebten Substantiven.

§22 Bedeutung und Gebrauch von мо́жно und нельзя́

Нет, в теа́тре **нельзя́** есть моро́женое.

Здесь **мо́жно** есть моро́женое?

NEU Du lernst, wie man mithilfe von мо́жно und нельзя́ sagt, was erlaubt und was verboten ist, und wie man ausdrückt, dass jemand etwas (nicht) tun darf.

В музе́е **мо́жно** фотографи́ровать? – Нет, там **нельзя́** фотографи́ровать.	Darf man im Museum fotografieren? – Nein, dort darf man nicht fotografieren.
В музе́е ра́ньше **мо́жно бы́ло** фотографи́ровать? – Нет, там и ра́ньше **нельзя́ бы́ло** фотографи́ровать.	Durfte man früher im Museum fotografieren? – Nein, auch früher durfte man dort nicht fotografieren.
Там че́рез 10 лет **мо́жно бу́дет** фотографи́ровать? – Нет, и че́рез 10 лет там **нельзя́ бу́дет** фотографи́ровать.	Wird man dort in 10 Jahren fotografieren dürfen? – Nein, auch in 10 Jahren wird man dort nicht fotografieren dürfen.
Са́ше **мо́жно** смотре́ть телеви́зор, а Бори́су **нельзя́**.	Sascha darf fernsehen, aber Boris nicht.

R5 Etwas **können/dürfen** bzw. **nicht können/nicht dürfen** drückst du auf Russisch so aus:

$$(\text{Person im Dativ}) + \left\{ \begin{array}{l} \text{мо́жно/нельзя́ (Präsens)} \\ \text{мо́жно бы́ло/нельзя́ бы́ло (Präteritum)} \\ \text{мо́жно бу́дет/нельзя́ бу́дет (Futur)} \end{array} \right\} + \text{Inf.}$$

Willst du die **handelnde Person** nennen, verwende das Substantiv oder Pronomen im **Dativ**.

⚠ Steht nach **нельзя́** der **unvollendete** Infinitiv, so wird die Bedeutung **nicht dürfen/nicht erlaubt sein** ausgedrückt, z. B. Э́ту дверь нельзя́ открыва́ть. – *Diese Tür darf man nicht öffnen.*

⚠ Steht nach **нельзя́** der **vollendete** Infinitiv, so wird die Bedeutung **nicht können/nicht möglich sein** ausgedrückt, z. B. Э́ту дверь нельзя́ откры́ть. – *Diese Tür kann man nicht öffnen.*

§ 23 Die Verben der Fortbewegung (2)

W Du weißt, dass Verben der Fortbewegung als Paare auftreten.
Dabei bezeichnen die bestimmten Verben eine Fortbewegung in nur einer Richtung und die unbestimmten eine Fortbewegung in nicht nur einer Richtung (GBH I, § 35).

EU Du lernst die unbestimmten Verben der Fortbewegung in einer weiteren Bedeutung gebrauchen.

В воскресе́нье Ла́ура **е́здила** на я́рмарку (⇄). = Ла́ура **была́** на я́рмарке.	Am Sonntag ist Laura auf den Jahrmarkt gefahren. (= Sie ist dort gewesen.)
Ве́чером она́ **ходи́ла** с Ка́тей в кино́ (⇄). = Они́ **бы́ли** в кино́.	Am Abend ist sie mit Katja ins Kino gegangen. (= Sie sind dort gewesen.)

R6 Soll eine **einmalige** Fortbewegung **hin und zurück** (⇄) bezeichnet werden, wird das **unbestimmte** Verb im Präteritum verwendet. Du kannst es durch die **Präteritumform** von **быть** ersetzen.

Kannst du das Verb der Fortbewegung durch die Präteritumform von быть ersetzen, verwende immer das unbestimmte Verb.

Всё понятно?

1 Переведи на́дписи (Aufschriften).

1. Этот напиток пьют со льдом.

4. В кассе продают билеты на концерты.

2. На этом месте строят супермаркет.

3. В эту игру всегда играют на улице.

5. Эти фрукты едят только летом.

2 **а)** Переведи предложения.
   1. Я ждал тебя весь вечер.
   2. Я всё время был дома.
   3. Наконец я решил все задания.
   4. И без тебя я всё знал.
   5. Завтра мы будем говорить обо всём.
   6. Всего хорошего.

   б) Вставь «весь», «вся», «всё», «все» в нужной форме.
   Алина пригласила (1) друзей на день рождения. Она (2) неделю готовила разные блюда. (3) было очень вкусно. (4) вечер ребята слушали музыку и танцевали. Алина разговаривала со (5) гостями. Они говорили обо (6). (7) понравилось на вечеринке.

3 Дополни вопросы. Frage zuerst nach dem Beginn, dann nach dem Ende.
   а) Когда ■ Масленица?
   б) Русские всегда ■ праздновать Масленицу на выходных?
   в) Когда ты обычно ■ делать уроки?
   г) Когда ты вчера ■ делать уроки?
   д) Когда обычно ■ летние каникулы в России?

4 **а)** Спроси у продавца.
   ▶ костюм: Покажите мне, пожалуйста, этот костюм и тот тоже.
   б) Твой друг спрашивает, в чём тебе удобно. Ответь ему.
   ▶ костюм: В этом костюме мне удобно, а в том нет.

пальто	рубашка
свитер	джинсы	туфли
футболки	юбка

5 Ты с родителями в гостинице в Туле. Объясни им, что здесь можно (+) делать, а что нельзя (–).
   а) обедать в ресторане (+)
   б) ночью громко говорить (–)
   в) фотографировать (–)
   г) идти в бассейн (+)
   д) кататься на велосипеде (–)
   е) смотреть телевизор (+)

6 **а)** Кому можно это делать? Напиши вопросы.
   1. пойти на ярмарку (я, Катя, Игорь)
   2. поехать на дискотеку (Лаура, Витя)
   3. посмотреть фильм (мы, ребята)
   4. сфотографировать картину (Женя, Аня)

   б) Ответь на вопросы. Drücke ein Verbot aus und achte auf den richtigen Aspekt.

7 Präzisiere die Mitteilung, indem du Verben der Fortbewegung verwendest.
   В последний день Масленицы мы с Катей были в Ярославле. 🚗
   Там мы были на ярмарке и веселились. 🟢
   На следующий день я была в Москве. ✈️
   Там я встретилась с Виктором. Мы были на Красной площади и в Кремле. 🟢

▶ Die Lösungen findest du auf Seite 38/39.

В Сиби́ри

§ 24 Die präfigierten Verben der Fortbewegung

> Ви́ти нет. Он ушёл.
> Приходи́ за́втра
> по́сле обе́да.

W Du kennst die Verbpaare идти́ – ходи́ть, е́хать – е́здить, лете́ть – лета́ть und weißt,
dass sie eine Fortbewegung bezeichnen (GBH I, § 35).

NEU Durch Vorsetzen eines Präfixes verändern sich der Aspekt und die Bedeutung dieser Verben.

Präfix	räumliche Bedeutung	unvollendet	vollendet	Übersetzung
в(о)-	→○ hinein-, herein-	входи́ть въезжа́ть влета́ть	войти́ въе́хать влете́ть	hineingehen (hin)einfahren hineinfliegen
вы-	○→ hinaus-, heraus-	выходи́ть выезжа́ть вылета́ть	вы́йти вы́ехать вы́лететь	hinausgehen (her)ausfahren herausfliegen, abfliegen
при-	→○ an-, herbei-	приходи́ть приезжа́ть прилета́ть	прийти́ прие́хать прилете́ть	ankommen (zu Fuß) ankommen (gefahren) ankommen (geflogen)
у-	○→ weg-, fort-, ab-	уходи́ть уезжа́ть улета́ть	уйти́ уе́хать улете́ть	weggehen, fortgehen wegfahren, fortfahren wegfliegen, abfliegen

R1 Verben der Fortbewegung können präfigiert werden. Durch bestimmte Präfixe erhalten
sie eine neue Bedeutung: Sie bezeichnen eine **Bewegungsrichtung**.
Dabei entstehen **Aspektpaare**, die das Merkmal „bestimmt/unbestimmt" verlieren.
Das vorher **unbestimmte** Verb wird **unvollendet** und das **bestimmte** Verb **vollendet**.

⚠ Meist gibt es keine Unterschiede zwischen der Konjugation der präfigierten und
unpräfigierten Verben: Он **е́дет.** (е́хать) → Он при**е́дет.** (прие́хать)
Ausnahme: е́здить wird bei Präfigierung zu -**езжа́ть**
→ при**езжа́ть** (при**езжа́ю,** при**езжа́ешь,** при**езжа́ют**)

Achte auf Besonderheiten bei der Schreibung einiger Verben, z. B.

вы́йти (вы́йду, вы́йдешь, вы́йдут)
ebenso: войти́, уйти́

прийти́ (приду́, придёшь, приду́т)

въезжа́ть/въе́хать

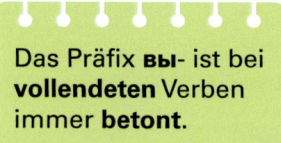
Das Präfix **вы-** ist bei **vollendeten** Verben immer **betont**.

NEU Du lernst nun, mit welchen Präpositionen man die präfigierten Verben der Fortbewegung gebraucht.

Präfix	Präpositionen	
	куда́?	отку́да?
в(о)-	**в** + *Akk.* На́стя **во**шла́ **в** дом. Nastja ging in das Haus hinein (betrat das Haus).	
вы-		**из** + *Gen.* На́стя **вы́**шла **из** до́ма. Nastja ging aus dem Haus heraus (verließ das Haus).
при-	**в** + *Akk.* На́стя **при**шла́ **в** шко́лу. Nastja kam in die Schule. **на** + *Akk.* На́стя **при**шла́ **на** трениро́вку. Nastja kam zum Training. **к** + *Dat.* На́стя **при**шла́ **к** подру́ге. Nastja kam zu ihrer Freundin.	**из** + *Gen.* На́стя **при**шла́ **из** шко́лы. Nastja kam aus der Schule. **с** + *Gen.* На́стя **при**шла́ **с** трениро́вки. Nastja kam vom Training. **от** + *Gen.* На́стя **при**шла́ **от** подру́ги. Nastja kam von ihrer Freundin.
у-	**в** + *Akk.* На́стя **у**е́хала **в** го́род. Nastja ist in die Stadt gefahren. **на** + *Akk.* На́стя **у**е́хала **на** да́чу. Nastja ist auf die Datscha gefahren. **к** + *Dat.* На́стя **у**е́хала **к** подру́ге. Nastja ist zu ihrer Freundin (weg)gefahren.	**из** + *Gen.* На́стя **у**е́хала **из** го́рода. Nastja ist aus der Stadt weggefahren. **с** + *Gen.* На́стя **у**е́хала **с** да́чи. Nastja ist von der Datscha weggefahren. **от** + *Gen.* На́стя **у**е́хала **от** подру́ги. Nastja ist von ihrer Freundin weggefahren.

 Merke dir zur Angabe von Richtungen folgende Gegensatzpaare:

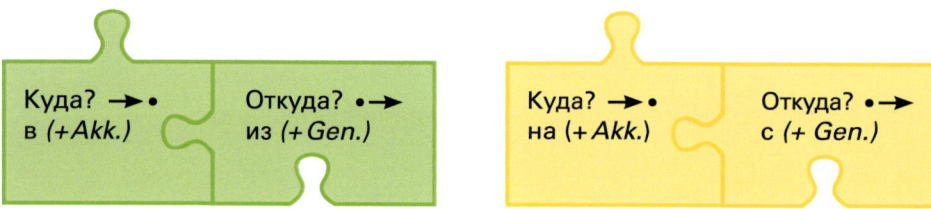

§25 Bedeutung und Gebrauch von ну́жен

W Du weißt, dass im Russischen die handelnde Person im Dativ stehen kann, z. B.
Мне на́до рабо́тать. – *Ich muss arbeiten.* (GBH II, §20).

NEU Du lernst, wie man ausdrückt, dass jemand etwas (nicht) braucht.

Что вам **ну́жно** для пое́здки?	Was braucht ihr für die Reise?
Мое́й сестре́ **ну́жен** но́вый сви́тер.	Meine Schwester braucht einen neuen Pullover.
Моему́ бра́ту **нужна́** тёплая оде́жда.	Mein Bruder braucht warme Kleidung.
Мне не **нужны́** боти́нки.	Ich brauche keine Schuhe.

R2 Etwas **(nicht) brauchen** wird im Russischen so ausgedrückt:

Person (im Dativ) + (не) + { ну́жен / ну́жно / нужна́ / нужны́ } + **benötigte Sache/Person (im Nominativ)**

⚠ Wenn die handelnde Person nicht genannt wird, wird sie oft mit *man* wiedergegeben, z. B.
Для пое́здки на по́езде ну́жен биле́т. – *Für die Reise mit dem Zug braucht man eine Fahrkarte.*

§26 Die Wiedergabe von *nicht sein* (Präteritum, Futur)

W Du weißt, wie man sagt, dass jemand bzw. etwas *nicht da ist, fehlt* oder es etwas *nicht gibt*
(GBH I, §37).

NEU Nach dem Präsens lernst du das jetzt auch im Präteritum und Futur auszudrücken.

В го́роде есть библиоте́ка.	В дере́вне **нет** библиоте́ки. (… gibt es keine …)
В го́роде была́ библиоте́ка.	В дере́вне **не́ было** библиоте́ки. (… gab es keine …)
В го́роде бу́дет библиоте́ка.	В дере́вне **не бу́дет** библиоте́ки. (… wird es keine … geben)

R3 Dass jemand bzw. etwas *gefehlt hat/nicht da war*, wird so ausgedrückt:
unveränderliches **не́ было** + Substantiv oder Pronomen im **Genitiv**.
Dass jemand bzw. etwas *fehlen/nicht da sein wird*, drückt man aus durch:
unveränderliches **не бу́дет** + Substantiv oder Pronomen im **Genitiv**.

⚠ Die Betonung bei не́ было
liegt immer auf не.

§27 Die Wiedergabe von *haben* und *nicht haben* (Präteritum, Futur)

W Du weißt, wie man ausdrückt, dass jemand etwas *hat/nicht hat* (GBH I, §§20 und 23).

NEU Du lernst jetzt auch *haben/nicht haben* im Präteritum und Futur auszudrücken.

У Вади́ма (есть) компью́тер.	У Макси́ма нет компью́тер**а**.
был телеви́зор.	**не́ было** телеви́зор**а**.
был**а́** подру́г**а**.	**не́ было** подру́г**и**.
бы́л**о** кре́сл**о**.	**не́ было** кре́сл**а**.
бы́л**и** лы́ж**и**.	**не́ было** лыж.
бу́д**ет** скейтбо́рд.	не бу́д**ет** скейтбо́рд**а**.
бу́д**ут** коньки́.	не бу́д**ет** конько́в.

R4 Du kannst *(nicht) haben/besitzen* im **Präteritum** und **Futur** so ausdrücken:

haben: у + Besitzer (im **Genitiv**) { + **был, -а́, -о, -и** (Präteritum) / + **бу́дет/бу́дут** (Futur) } + **Besitz** (im **Nominativ**)

nicht haben: у + Besitzer (im **Genitiv**) { + **не́ было** (Präteritum) / + **не бу́дет** (Futur) } + **Besitz** (im **Genitiv**)

⚠ Der Gebrauch von был, была́, бы́ло, бы́ли bei *hatte(n)* und von бу́дет, бу́дут bei *wird/werden haben* richtet sich nach dem Genus und Numerus des Besitzes.

§28 Konditionalsätze (1)

> Е́сли за́втра бу́дет хоро́шая пого́да, мы пойдём купа́ться.

W Du weißt, dass Konditionalsätze mit *wenn* oder *falls* eingeleitet werden und eine Bedingung für die Handlung im Hauptsatz angeben.

NEU Du lernst, wie man im Russischen eine Bedingung angibt.

Éсли хо́чешь, вме́сте уберём му́сор.	Wenn du willst, räumen wir den Müll gemeinsam weg.
Éсли у тебя́ бу́дет вре́мя, ты помо́жешь мне организова́ть э́ту а́кцию?	Wenn du Zeit hast, hilfst du mir, diese Aktion zu organisieren?
Éсли мы не позабо́тимся о живо́тных, на́ши де́ти узна́ют о них то́лько из книг.	Wenn wir uns nicht um die Tiere kümmern, werden unsere Kinder von ihnen nur aus Büchern erfahren.

R5 **Konditionalsätze**, die eine **erfüllte** oder **erfüllbare** (= reale) Bedingung ausdrücken, werden durch **éсли** – *wenn*, *falls* eingeleitet. Sie stehen wie im Deutschen im Indikativ.

⚠ Steht zuerst der Nebensatz mit éсли, dann kann der Hauptsatz durch ein hinweisendes **то** – *dann* eingeleitet werden, z. B. Éсли бу́дешь в Москве́, то позвони́ мне.

⚠ Achte bei der Übersetzung der Konjunktion *wenn* darauf, ob du von einer Bedingung (éсли) oder von einem Zeitpunkt/Zeitraum (когда́) sprichst:

Éсли я бу́ду в Москве́, я позвоню́ тебе́.
Когда́ я бу́ду в Москве́, я пойду́ в кафе́ «Аква».

Unterscheide:

éсли	**когда́**
↓	↓
wenn, falls (Bedingung)	*(immer) wenn* (Zeitpunkt/ Zeitraum)

---

§ 29 Die Wiedergabe von *um zu + Infinitiv*

W Du weißt, dass du im Deutschen auf Fragen nach Absicht und Zweck (wozu?) mit *um zu* antworten kannst.

NEU Du lernst, wie *um zu* im Russischen ausgedrückt und wann diese Konstruktion verwendet wird.

Мы пое́дем в Сиби́рь, **что́бы** отдохну́ть.	Wir fahren nach Sibirien, um uns zu erholen.
Я хожу́ в кружо́к «Эколо́гия», **что́бы** познако́миться с но́выми людьми́.	Ich gehe in die Umwelt-AG, um neue Menschen kennenzulernen.
Что́бы написа́ть рефера́т, она́ прочита́ла кни́гу.	Um das Referat zu schreiben, hat sie ein Buch gelesen.

R6 Wenn Haupt- und Nebensatz **dasselbe Subjekt** haben, wird im Nebensatz der Zweck mit **что́бы + Infinitiv** – *um zu* angegeben.

Ein (dasselbe!) Subjekt in Haupt- und Nebensatz → **что́бы** + **Infinitiv**

Всё понятно?

1 Notiere zu jeder Verbform den entsprechenden Aspektpartner sowie das Aspekt-
paar mit entgegengesetzter Bedeutung.

а) входить – войти ⟷ выходить – вы■
б) приезжать – ■ ⟷
в) мы улетаем – ■ ⟷
г) ■ – они вышли ⟷

2 Ребята едут в лагерь. Найди и исправь ошибки. Achte auch auf die Präpositionen.
а) Через час после прибытия в Якутск ребята въехали в город. **б)** Когда их автобус застрял в грязи, они вошли в автобус. **в)** Через час от них уехал трактор. **г)** Когда их автобус в три часа ночи уехал из лагеря, они сразу пошли спать.

3 Переведи на русский язык. Verwende präfigierte Verben der Fortbewegung.
Nastja, Witja und Schenja fuhren mit dem Bus aus dem Lager nach Jakutsk. Dort trafen sie sich mit Sardaana. Um 14 Uhr gingen sie ins Museum hinein. Nach einer Stunde verließen die Jugendlichen das Museum. Am Abend verließen sie die Stadt. Um 20 Uhr kamen sie im Lager an.

4 Напиши, какие вещи им нужны в следующих ситуациях.
а) Настя получила приглашение на вечеринку.
б) Витя идёт в театр.
в) Жене холодно.
г) Игорь чувствует себя плохо.

свитер рубашка
билет врач пальто подарок
цветы костюм лекарство шарф

5 Расскажи, что в 1901 году уже было, а чего ещё не было.
а) компьютер **в)** емейлы **д)** мобильники **ж)** велосипеды
б) Интернет **г)** книги **е)** самолёты

6 Widersprich den Behauptungen und stelle den Sachverhalt richtig.
➡ В среду у Игоря был урок математики. (Таня)
→ Нет, у Игоря не было урока математики. У Тани был урок математики.
а) Вчера у Лары была тренировка. (Вика) **в)** У Нины будет день рождения. (Маша)
б) Вечером у Насти будет концерт. (Марк) **г)** У нас были гости из Германии. (вы)

7 Составь предложения и переведи их.
а) Если ты любишь жизнь на нашей планете, 1. прочитай эту книгу.
б) Если эти ребята загрязняют окружающую среду, 2. ты должен защитить её.
в) Если ты интересуешься Сибирью, 3. то завтра будет поздно.
г) Если мы сегодня не заботимся о природе, 4. то надо поговорить с ними.

8 Зачем (wozu) они это делают? Дополни предложения.
а) Сотрудники Гринписа организовывают акции, … (Umwelt schützen)
б) Они говорят с директорами заводов, … (die Verschmutzung der Luft stoppen)
в) Они чистят пляжи, озёра и реки, … (Vögel und Fische schützen)

▶ Die Lösungen findest du auf Seite 39.

Die Deklination der Substantive §2, 6, 7, 11, 12

Singular

	I. Deklination				II. Deklination			III. Deklination
	maskulin		neutral		feminin		feminin	feminin
	hart	weich	hart	weich	hart	weich	weich	weich
	auf Konsonant	auf -ь, -й	auf -o	auf -e	auf -a	auf -я	auf -ия	auf -ь
Nom.	магазин	музей	слово	море	газета	неделя	фотография	площадь
Gen.	магазина	музея	слова	моря	газеты	недели	фотографии	площади
Dat.	магазину	музею	слову	морю	газете	неделе	фотографии	площади
Akk.	магазин[1]	музей[1]	слово	море	газету	неделю	фотографию	площадь
Instr.	магазином	музеем	словом	морем	газетой	неделей	фотографией	площадью
Präp.	(о) магазине	(о) музее	(о) слове	(о) море	(о) газете	(о) неделе	(о) фотографии	(о) площади

Plural

Nom.	магазины	музеи	слова	моря	газеты	недели	фотографии	площади
Gen.	магазинов	музеев	слов	морей	газет	недель	фотографий	площадей
Dat.	магазинам	музеям	словам	морям	газетам	неделям	фотографиям	площадям
Akk.	магазины[1]	музеи[1]	слова	моря	газеты[1]	недели[1]	фотографии[1]	площади[1]
Instr.	магазинами	музеями	словами	морями	газетами	неделями	фотографиями	площадями
Präp.	(о) магазинах	(о) музеях	(о) словах	(о) морях	(о) газетах	(о) неделях	(о) фотографиях	(о) площадях

[1] Belebt: Akk. = Gen.

Besonderheiten der Bildung des Genitivs Plural

	maskulin		neutral	feminin
	nach Zischlaut	nach -й	-o-/-e-Einschub	-o-/-e-Einschub
Nom. Sg.	карандаш	музей	окно, письмо	открытка
Gen. Pl.	карандашей	музеев	окон, писем	открыток

Nach **Zischlaut** schreibe и, у, а und immer и nach г, к, х!

Nach **Zischlaut** oder ц statt unbetontem o sag e!

Die Deklination der Adjektive

	Singular					
	maskulin		**neutral**		**feminin**	
	hart	weich	hart	weich	hart	weich
Nom.	но́в**ый**[1]	зи́мн**ий**	но́в**ое**	зи́мн**ее**	но́в**ая**	зи́мн**яя**
Gen.	но́в**ого**	зи́мн**его**	но́в**ого**	зи́мн**его**	но́в**ой**	зи́мн**ей**
Dat.	но́в**ому**	зи́мн**ему**	но́в**ому**	зи́мн**ему**	но́в**ой**	зи́мн**ей**
Akk.	Nom./Gen.[2]	Nom./Gen.[2]	но́в**ое**	зи́мн**ее**	но́в**ую**	зи́мн**юю**
Instr.	но́в**ым**[1]	зи́мн**им**	но́в**ым**[1]	зи́мн**им**	но́в**ой**	зи́мн**ей**
Präp.	(о) но́в**ом**	(о) зи́мн**ем**	(о) но́в**ом**	(о) зи́мн**ем**	(о) но́в**ой**	(о) зи́мн**ей**
	Plural					
Nom.	но́в**ые**[1]	зи́мн**ие**	но́в**ые**[1]	зи́мн**ие**	но́в**ые**[1]	зи́мн**ие**
Gen.	но́в**ых**[1]	зи́мн**их**	но́в**ых**[1]	зи́мн**их**	но́в**ых**[1]	зи́мн**их**
Dat.	но́в**ым**[1]	зи́мн**им**	но́в**ым**[1]	зи́мн**им**	но́в**ым**[1]	зи́мн**им**
Akk.	Nom./Gen.[2]	Nom./Gen.[2]	Nom./Gen.[2]	Nom./Gen.[2]	Nom./Gen.[2]	Nom./Gen.[2]
Instr.	но́в**ыми**[1]	зи́мн**ими**	но́в**ыми**[1]	зи́мн**ими**	но́в**ыми**[1]	зи́мн**ими**
Präp.	(о) но́в**ых**[1]	(о) зи́мн**их**	(о) но́в**ых**[1]	(о) зи́мн**их**	(о) но́в**ых**[1]	(о) зи́мн**их**

[1] Nach г, к, х und Zischlauten steht -**и** (statt -**ы**).

[2] Nom. vor unbelebten, Gen. vor belebten Substantiven.

Die Deklination der Possesivpronomen § 4

	мой (твой)			
	Singular			Plural
	maskulin	neutral	feminin	
Nom.	мо**й**	мо**ё**	мо**я́**	мо**и́**
Gen.	мо**его́**	мо**его́**	мо**е́й**	мо**и́х**
Dat.	мо**ему́**	мо**ему́**	мо**е́й**	мо**и́м**
Akk.	мо**й**/мо**его́**[1]	мо**ё**	мо**ю́**	мо**и́**/мо**и́х**[1]
Instr.	мо**и́м**	мо**и́м**	мо**е́й**	мо**и́ми**
Präp.	(о) мо**ём**	(о) мо**ём**	(о) мо**е́й**	(о) мо**и́х**

	наш (ваш)			
	Singular			Plural
	maskulin	neutral	feminin	
Nom.	наш	на́ш**е**	на́ш**а**	на́ш**и**
Gen.	на́ш**его**	на́ш**его**	на́ш**ей**	на́ш**их**
Dat.	на́ш**ему**	на́ш**ему**	на́ш**ей**	на́ш**им**
Akk.	наш/на́ш**его**[1]	на́ш**е**	на́ш**у**	на́ш**и**/на́ш**их**[1]
Instr.	на́ш**им**	на́ш**им**	на́ш**ей**	на́ш**ими**
Präp.	(о) на́ш**ем**	(о) на́ш**ем**	(о) на́ш**ей**	(о) на́ш**их**

> Твой wird ebenso wie мой dekliniert, ваш ebenso wie наш.

[1] Nom. vor unbelebten, Gen. vor belebten Substantiven.

Die Präpositionen (nach Kasus geordnet)

	Präposition		Beispiel
Gen.	без во вре́мя для до из напро́тив о́коло от по́сле про́тив с у	ohne (Sache, Person) während (Zeit) für (Sache, Person) bis (Ort, Zeit) aus (Ort) gegenüber (Ort) neben, bei (Ort) von (Absender, Ort) nach (Zeit) gegen (Vorhaben, Ziel) von, ab, seit (Ort, Zeit) bei (Ort), haben	Я пью чай **без** са́хар**а**. Он живёт **без** роди́тел**ей**. **Во вре́мя** кани́кул я был у ба́бушки. Э́то пода́рок **для** ма́м**ы**. Э́то по́лка **для** книг. Как дойти́ **до** вокза́л**а**? **До** у́жина я чита́л кни́гу. Я **из** Берли́н**а**. Музе́й нахо́дится **напро́тив** по́чт**ы**. Моя́ ко́мната нахо́дится **о́коло** кухн**и**. Э́то письмо́ **от** Ко́ли. Стол стои́т спра́ва **от** окна́. **По́сле** шко́л**ы** я отдыха́ю. Я **про́тив** экску́рси**и**. По́езд отправля́ется **с** 1-**го** пути́. Я уже́ жду **с** утра́. Я **у** Ми́ши. **У** Ли́зы есть брат.
Dat.	к по	zu (Richtung, Zeit) in (Fach), durch (Ort) …tags (Zeit) nach, gemäß (Art)	Я иду́ **к** врачу́. **К** у́жину ма́ма гото́вит пюре́. Э́то контро́льная **по** фи́зике? Мы гуля́ем **по** па́рку. **По** суббо́там и воскресе́ньям мы обы́чно на да́че. По́езд из Берли́на прибу́дет **по** расписа́нию.
Akk.	в за на по че́рез	in, nach, am für (Gegenwert, Ziel) auf, in, zu (Richtung) um (Differenz) für (Zeit) je, jeweils über, durch (Richtung) nach, in (Zeit)	Я иду́ **в** кино́. Я лечу́ **в** Ри́гу. **В** сре́ду пра́здник. Я купи́л э́ту кни́гу **за** 20 рубле́й. Я **за** э́тот план. Я смотрю́ **на** го́стя. Я иду́ **на** концерт/**на** по́чту. По́езд опа́здывает **на** 20 мину́т. Он уе́хал в Москву́ **на** неде́лю. Я ка́ждый день игра́ю на скри́пке **по** два часа́. Мы идём **че́рез** у́лицу/**че́рез** весь го́род. Я получи́л письмо́ **че́рез** ме́сяц. **Че́рез** час го́сти бу́дут здесь.
Instr.	за ме́жду над пе́ред под ря́дом с с	hinter (Ort) zwischen (Ort, Zeit) über (Ort) vor (Ort, Zeit) unter (Ort) neben (Ort) mit (gemeinsam)	Ко́шка лежи́т **за** кре́сл**ом**. В кино́ я сижу́ **ме́жду** бра́т**ом** и сестр**о́й**. Ла́мпа виси́т **над** стол**о́м**. **Пе́ред** до́м**ом** сад. Мы встреча́емся **пе́ред** уро́к**ом**. Су́мка лежи́т **под** стол**о́м**. **Ря́дом с** ку́хн**ей** нахо́дится столо́вая. Я говорю́ **с** учи́тел**ем**.
Präp.	в на о	in, im (Ort, Zeit) auf, in, im (Ort) über, von (Inhalt)	Я живу́ **в** го́род**е**. **В** ма́**е** экску́рсия. Журна́л лежи́т **на** стол**е́**. Я живу́ **на** э́той у́лиц**е**. Мы говори́м **о** Москв**е́**.

Ausgewählte Verben mit anderem Kasus als im Deutschen

	Verb		Beispiel
Gen.	жела́ть **чего́** боле́ть (боли́т) **у кого́**	etw. wünschen jdm. weh tun, schmerzen	Я жела́ю тебе́ здоро́вь**я** и успе́х**а**. **У** ма́льчик**а** боли́т нога́.
Dat.	звони́ть/позвони́ть **кому́** гото́виться/подгото́виться **к чему́**	jdn. anrufen sich auf etw. vorbereiten	Я звоню́ ма́м**е** и па́п**е**. Мы гото́вимся **к** контро́льн**ой** рабо́т**е**.

	Verb		Beispiel
Akk.	ждать **кого** поздравля́ть **кого с чем** игра́ть **во что** прибыва́ть/прибы́ть **куда**	*auf jdn.* warten *jdm. zu etw.* gratulieren *etw.* spielen *irgendwo* ankommen	Учени́к ждёт учи́тельниц**у**. Па́па поздравля́ет сы́на **с** успе́х**ом**. Де́вушки игра́ют **в** баскетбо́л. Наш по́езд прибыва́ет в Москв**у́**.
Instr.	занима́ться **чем** интересова́ться **чем** знако́миться/ познако́миться **с кем**	sich *mit etw.* beschäftigen sich *für etw.* interessieren *jdn.* kennenlernen	Они́ занима́ются литерату́р**ой**. Он осо́бенно интересу́ется спо́рт**ом**. Она́ знако́мится **с** гост**я́ми**.
Präp.	ду́мать **о ком/чём** е́здить; е́хать **на чём** забо́титься/ позабо́титься **о ком/чём** забыва́ть/забы́ть **о ком/ чём** игра́ть **на чём** ката́ться **на чём** лета́ть; лете́ть **на чём** спра́шивать/спроси́ть **о ком/чём** уча́ствовать **в чём**	*an jdn./etw.* denken *mit etw.* fahren sich *um jdn./etw.* kümmern *jdn./etw.* vergessen *(ein Instrument)* spielen *etw.* fahren, laufen *mit etw.* fliegen *nach jdm./etw.* fragen *an etw.* teilnehmen	Я ча́сто ду́маю **о** Та́н**е** и **о** Москв**е́**. Мы е́дем **на** авто́бус**е** в центр го́рода. Он забо́тится **об** о́тдых**е** больны́х дете́й. Я уже́ совсе́м забы́л **об** э́т**ом**. Моя́ сестра́ игра́ет **на** гита́р**е**. Она́ лю́бит ката́ться **на** конька́х. Ученики́ летя́т в Берли́н **на** самолёт**е**. Он спра́шивает **о** биле́т**е** в теа́тр. Я уча́ствую **в** ко́нкурс**е** по литерату́р**е**.

Häufig auftretende Verben

Infinitiv und Konjugation (я, ты, они)	Präteritum	Imperativ	deutsch
брать *(uv.)*, беру́, берёшь, беру́т	брал, -а́, -о, -и	бери́	nehmen
быть *(uv.)*, 1. *nur 3. Pers. Sg.*: есть 2. бу́ду, бу́дешь, бу́дут	был, -а́, -о, -и	будь	1. sein 2. werden
взять *(vo.)*, возьму́, возьмёшь, возьму́т	взял, -а́, -о, -и	возьми́	nehmen
встава́ть *(uv.)*, встаю́, встаёшь, встаю́т	встава́л, -а, -о, -и	встава́й	aufstehen
встре́тить *(vo.)*, встре́чу, встре́тишь, встре́тят	встре́тил, -а, -о, -и	встреть	treffen
вы́бросить *(vo.)*, вы́брошу, вы́бросишь, вы́бросят	вы́бросил, -а, -о, -и	вы́броси	hinauswerfen, wegwerfen
вы́глядеть *(uv.)*, вы́гляжу, вы́глядишь, вы́глядят	вы́глядел, -а, -о, -и	*ungebr.*	aussehen
дава́ть *(uv.)*, даю́, даёшь, даю́т	дава́л, -а, -о, -и	дава́й	geben
держа́ть *(uv.)*, держу́, де́ржишь, де́ржат	держа́л, -а, -о, -и	держи́	halten
заказа́ть *(vo.)*, закажу́, зака́жешь, зака́жут	заказа́л, -а, -о, -и	закажи́	bestellen
есть *(uv.)*, ем, ешь, ест, еди́м, еди́те, едя́т	ел, -а, -о, -и	ешь	essen
е́хать *(uv.)*, е́ду, е́дешь, е́дут	е́хал, -а, -о, -и	поезжа́й	fahren

Infinitiv und Konjugation (я, ты, они)	Präteritum	Imperativ	deutsch
ждать *(uv.)*, жду, ждёшь, ждут	ждал, -á, -о, -и	жди	warten (auf), erwarten
жить *(uv.)*, живу, живёшь, живут	жил, -á, -о, -и	живи	wohnen, leben
идти *(uv.)*, иду, идёшь, идут	шёл, шла, шло, шли	иди	gehen
купить *(vo.)*, куплю, купишь, купят	купил, -а, -о, -и	купи	kaufen
лететь *(uv.)*, лечу, летишь, летят	летел, -а, -о, -и	лети	fliegen
мочь *(uv.)*, могу, можешь, могут	мог, могла, -ó, -й	*ungebr.*	können
начать *(vo.)*, начну, начнёшь, начнут	начал, -á, -о, -и	начни	anfangen, beginnen
открыть *(vo.)*, открою, откроешь, откроют	открыл, -а, -о, -и	открой	öffnen; einweihen
петь *(uv.)*, пою, поёшь, поют	пел, -а, -о, -и	пой	singen
печь *(uv.)*, пеку, печёшь, пекут	пёк, пекла, -ó, -й	пеки	backen
пить *(uv.)*, пью, пьёшь, пьют	пил, -á, -о, -и	пей	trinken
плыть *(uv.)*, плыву, плывёшь, плывут	плыл, -á, -о, -и	плыви	schwimmen
получить *(vo.)*, получу, получишь, получат	получил, -а, -о, -и	получи	erhalten, bekommen
помочь *(vo.)*, помогу, поможешь, помогут	помог, помогла, -ó, -й	помоги	helfen
понять *(vo.)*, пойму, поймёшь, поймут	понял, -á, -о, -и	пойми	verstehen
прибыть *(vo.)*, прибуду, прибудешь, прибудут	прибыл, -á, -о, -и	прибудь	ankommen
пригласить *(vo.)*, приглашу, пригласишь, пригласят	пригласил, -а, -о, -и	пригласи	einladen
прийти *(vo.)*, приду, придёшь, придут	пришёл, -шла, -шло, -шли	приди	(an)kommen
приносить *(uv.)*, приношу, приносишь, приносят	приносил, -а, -о, -и	приноси	bringen
принести *(vo.)*, принесу, принесёшь, принесут	принёс, -несла, -ó, -й	принеси	bringen
принять *(vo.)*, приму, примешь, примут	принял, -á, -о, -и	прими	(ein)nehmen
продать *(vo.)*, продам, продашь, продаст, продадим, продадите, продадут	продал, -á, -о, -и	продай	verkaufen
сказать *(vo.)*, скажу, скажешь, скажут	сказал, -а, -о, -и	скажи	sagen
стоить *(uv.)*, *nur 3. Pers.*: стоит, стоят	стоил, -а, -о, -и	–	kosten
стоять *(uv.)*, стою, стоишь, стоят	стоял, -а, -о, -и	стой	stehen
узнавать *(uv.)*, узнаю, узнаёшь, узнают	узнавал, -а, -о, -и	узнавай	erfahren; erkennen
упасть *(vo.)*, упаду, упадёшь, упадут	упал, -а, -о, -и	упади	fallen
ходить *(uv.)*, хожу, ходишь, ходят	ходил, -а, -о, -и	ходи	gehen
хотеть *(uv.)*, хочу, хочешь, хочет, хотим, хотите, хотят	хотел, -а, -о, -и	*ungebr.*	wollen

Die Grundzahlen

1	оди́н[1]	13	трина́дцать	50	пятьдеся́т	400	четы́реста
2	два[2]	14	четы́рнадцать	60	шестьдеся́т	500	пятьсо́т
3	три	15	пятна́дцать	70	се́мьдесят	600	шестьсо́т
4	четы́ре	16	шестна́дцать	80	во́семьдесят	700	семьсо́т
5	пять	17	семна́дцать	90	девяно́сто	800	восемьсо́т
6	шесть	18	восемна́дцать	100	сто	900	девятьсо́т
7	семь	19	девятна́дцать	101	сто оди́н[1]	1000	(одна́) ты́сяча
8	во́семь	20	два́дцать	110	сто де́сять	1 000 000	(оди́н) миллио́н
9	де́вять	21	два́дцать оди́н[1]	199	сто девяно́сто де́вять	2 502 224	два миллио́на пятьсо́т две ты́сячи две́сти два́дцать четы́ре
10	де́сять	22	два́дцать два[2]	200	две́сти		
11	оди́ннадцать	30	три́дцать	300	три́ста		
12	двена́дцать	40	со́рок				

[1] Je nach Genus des Bezugsworts gebrauche **оди́н** (теа́тр), **одно́** (я́блоко), **одна́** (буты́лка).
[2] Vor Maskulina und Neutra **два**, vor Feminina **две**.

Die Rektion der Grundzahlen		
1 + Nom. Sg.	**2, 3, 4 + Gen. Sg.**	**5–20 + Gen. Pl.**
оди́н учени́к	два ученика́	пять ученико́в
одно́ сло́во	два сло́ва	де́сять слов
одна́ газе́та	две газе́ты	сто газе́т

Bei zusammengesetzten Zahlwörtern ab 21 richten sich Numerus und Kasus des Substantivs nach dem **letzten Wort**, z. B. 191 кни́га.

Die Ordnungszahlen

1.	пе́рвый[1]	12.	двена́дцатый	23.	два́дцать тре́тий[2]
2.	второ́й	13.	трина́дцатый	30.	тридца́тый
3.	тре́тий[2]	14.	четы́рнадцатый	31.	три́дцать пе́рвый
4.	четвёртый	15.	пятна́дцатый	40.	сороково́й
5.	пя́тый	16.	шестна́дцатый	50.	пятидеся́тый
6.	шесто́й	17.	семна́дцатый	60.	шестидеся́тый
7.	седьмо́й	18.	восемна́дцатый	70.	семидеся́тый
8.	восьмо́й	19.	девятна́дцатый	80.	восьмидеся́тый
9.	девя́тый	20.	двадца́тый	90.	девяно́стый
10.	деся́тый	21.	два́дцать пе́рвый	100.	со́тый
11.	оди́ннадцатый	22.	два́дцать второ́й	2 000.	двухты́сячный

[1] Endungen wie bei Adjektiven **-ый** (betont **-о́й**), **-ое**, **-ая**, **-ые**.
[2] Beachte die Sonderformen тре́т**ий**, тре́т**ье**, тре́т**ья**, тре́тьи.

Урок 1

1 1. умеешь 2. умею 3. умеет 4. может 5. может 6. умеет 7. могут

2 **а)** жизнь, вещь **б)** Кремль, день **в)** парень, июль

3 **а)** из Сибири/Сибирь/с достопримечательностями/из любви к Сибири/о Сибири/о
достопримечательностях Сибири

б) из Астрахани/Астрахань/в Астранхани/Астрахани/по Астрахани/об Астрахани

4 *Lösungsvorschlag:* Привет Женя! Ты из Казани? Ты любишь Казань?
Ты часто гуляешь по Казани? Какие достопримечательности есть в Казани?
Что тебе особенно нравится в Казани?

5 **а)** вкусно **б)** плохо **в)** красиво **г)** свободно **д)** честно **е)** по-английски
ж) скучно **з)** по-немецки **и)** дорого **к)** по-французски

6 **а)** Нет, (это не так,) он плохо говорит по-русски. **б)** скучно/неинтересно
в) трудно **г)** неправильно **д)** далеко **е)** дёшево/недорого

7 **а)** Миша говорит по-русски. **б)** по-немецки **в)** по-английски
г) по-французски **д)** по-турецки **е)** по-испански

8 **а)** 1. твои 2. твои 3. твоих 4. твоим 5. твоих 6. твоих 7. твоими 8. твоих
б) 1. Кто ваши друзья? 2. Где … ваши друзья? 3. … ваших друзей?
4. … вашим друзьям? 5. … в ваших друзьях? 6. … у ваших друзей?
7. С вашими друзьями …? 8. … о ваших друзьях?

Урок 2

1 **а)** 1. 215-47-91 2. 635-13-53 3. 470-96-84
б) 1. триста сорок восемь – пятьдесят шесть – тридцать один   2. пятьсот тридцать
девять – сорок четыре – девяносто восемь   3. двести двенадцать – восемьдесят
один – шестьдесят шесть   4. восемьсот девятнадцать – семьдесят два – тридцать
девять   5. четыреста сорок девять – девяносто четыре – тридцать семь   6. семьсот
пятьдесят пять – восемьдесят четыре – пятьдесят девять

2 путешествии/приключение/отправлением/опозданием/здании/здания/заданий

3 **а)** Где находится седьмой путь? **б)** На каком пути стоит поезд в Берлин?
в) С какого пути отправляется поезд в Омск? **г)** На какой путь прибывает поезд в Тулу?

4 **а)** В Москве живёт десять миллионов четыреста двадцать пять тысяч семьдесят пять
человек. **б)** В Петербурге живёт четыре миллиона пятьсот восемьдесят тысяч шестьсот
двадцать человек. **в)** В Берлине живёт три миллиона четыреста пять тысяч двести
пятьдесят девять человек. **г)** В Воркуте живёт семьдесят одна тысяча четыреста два
человека **д)** В моём родном городе/В моей родной деревне живёт + *individuelle Lösung*

5 **а)** А наш диван – ещё более удобный. **б)** А мой друг – ещё более талантливый
(гитарист). **в)** А моя подруга – ещё более весёлая. **г)** А моя учительница – ещё более
симпатичная. **д)** А наша квартира – ещё более светлая. **е)** А наши друзья – ещё более
успешные.

6 **а)** А какая из них самая большая (площадь)? **б)** А какой из них самый красивый (собор)?
в) А какая из них самая известная (картина)? **г)** А какой из них самый новый (магазин)?

7 **а)** Ладожское озеро – глубокое озеро. Каспийское море – (ещё) более глубокое …
Байкал – самое глубокое … **б)** Москва – старый город. Тула – (ещё) более старый …
Смоленск – самый старый … **в)** Народная – высокая гора. Белуха – (ещё) более
высокая … Эльбрус – самая высокая …

8 а) 1. А Ира более (менее) симпатичная, чем Таня.   2. А Ира более (менее) успешная, чем Марк.   3. А у Иры более (менее) светлые волосы, чем у Жени.   6. А у Иры более (менее) короткие волосы, чем у Ани.

б) 1. А Витя более (менее) симпатичный, чем Таня.   2. А Витя более (менее) успешный, чем Марк.   3. А у Вити более (менее) светлые волосы, чем у Жени.   6. А у Вити более (менее) короткие волосы, чем у Ани.

Урок 3

1 Моя мать – … Она работает … Моей матери … Особенно мне нравится в моей матери, что … С матерью …

2 1. братьям   2. братьях   3. братья   4. братьями

3 пошли/познакомилась/рассказывала/показывала/встретились/поехали/смотрели/ слушали/ писала/делала

4 а) сороковой, семидесятый, девяностый

б) 1. На десятом этаже.   2. В сороковой квартире.   3. В сто пятьдесят второй школе.   4. Девяностый и пятидесятый автобус.   5. Шестьдесят восьмое, шестьдесят девятое и семидесятое места.   6. На сотом автобусе.

5 в тысяча девятьсот девяносто восьмом году / двадцать девятого июля тысяча девятьсот девяносто восьмого года / с две тысячи первого года по две тысячи четвёртый год / первого сентября две тысячи четвёртого года / в две тысячи седьмом году / с две тысячи восьмого года / с две тысячи десятого года

6 Сейчас я тоже   **а)** куплю   **б)** напишу   **в)** посмотрю   **г)** посещу   **д)** пойду   **е)** встречусь

7 позвонишь/будешь звонить/напишу/будешь писать/позвоню

8 а) Я хочу с тобой поговорить.   **б)** Завтра я поеду в Екатеринбург.

в) Мы посидели в кафе и попили кофе.

Урок 4

1 1. Dieses Getränk trinkt man mit Eis/… wird … getrunken.   2. An diesem Platz baut man einen Supermarkt/… wird … gebaut.   3. Dieses Spiel spielt man immer draußen/… wird … gespielt.   4. An der Kasse werden Konzertkarten verkauft/… verkauft man …   5. Diese Früchte isst man nur im Sommer/… werden … gegessen.

2 а) 1. Ich habe den ganzen Abend auf dich gewartet.   2. Ich war die ganze Zeit zuhause.   3. Endlich habe ich alle Aufgaben gelöst.   4. Auch ohne dich habe ich alles gewusst.   5. Morgen werden wir über alles reden.   6. Alles Gute.

б) 1. всех   2. всю   3. Всё   4. Весь   5. всеми   6. всём   8. Всем

3 а) начинается/кончается   **б)** начинают/кончают   **в)** начинаешь/кончаешь

г) начал(а)/кончил(а)   **д)** начинаются/кончаются

4 а) это пальто и то тоже / эту рубашку и ту тоже / этот свитер и тот тоже / эти джинсы и те тоже / эти туфли и те тоже / эти футболки и те тоже / эту юбку и ту тоже

б) В этом пальто …, а в том нет. / В этой рубашке …, а в той нет. / В этом свитере …, а в том нет. / В этих джинсах …, а в тех нет. / В этих туфлях …, а в тех нет. / В этих футболках …, а в тех нет. / В этой юбке …, а в той нет.

5 Здесь **а)** можно обедать в ресторане   **б)** нельзя ночью громко говорить   **в)** нельзя фотографировать   **г)** можно идти в бассейн   **д)** нельзя кататься на велосипеде **е)** можно смотреть телевизор

6 **а)** Можно 1. мне/Кате/Игорю пойти на ярмарку?   2. Лауре/Вите поехать на дискотеку?
3. нам/ребятам посмотреть фильм?   4. Жене/Ане сфотографировать картину?
б) 1. Нет, тебе/Кате/Игорю нельзя идти на ярмарку.   2. Нет, Лауре/Вите нельзя ехать на дискотеку.   3. Нет, нам/ребятам нельзя смотреть фильм.   4. Нет, Жене/Ане нельзя фотографировать картину.

7 … мы с Катей ездили в Ярославль. Там мы ходили на ярмарку и …
На следующий день я летала в Москву. … Мы ходили на Красную площадь и в Кремль.

Урок 5

1 **а)** выйти   **б)** приезжать – приехать ←→ уезжать – уехать   **в)** мы улетаем – мы улетим ←→ мы прилетаем – мы прилетим   **г)** они выходили – они вышли ←→ они входили – они вошли

2 **а)** выехали из города   **б)** вышли из автобуса   **в)** к ним приехал   **г)** приехал в лагерь

3 Настя, Витя и Женя уехали на автобусе из лагеря в Якутск. Там они встретились с Сардааной. В 14 часов они вошли в музей. Через час ребята вышли из музея. Вечером они уехали из города. В 20 часов они приехали в лагерь.

4 **а)** Насте нужен костюм, нужен подарок, нужны цветы.   **б)** Вите нужен костюм, нужна рубашка, нужен билет.   **в)** Жене нужен свитер, нужно пальто, нужен шарф.   **г)** Игорю нужен врач, нужно лекарство.

5 В 1901 году уже были: **г)** книги   **е)** самолёты   **ж)** велосипеды;
не было: **а)** компьютера   **б)** Интернета   **в)** емейлов   **д)** мобильников

6 **а)** Нет, у Лауры вчера не было тренировки. Тренировка была у Вики.   **б)** Нет, у Насти не будет концерта. Концерт будет у Марка.   **в)** Нет, у Нины не будет дня рождения. День рождения будет у Маши.   **г)** Нет, у нас не было гостей из Германии. Гости были у вас.

7 **а)** +2: Wenn du das Leben auf unserem Planeten liebst, musst du es schützen.
б) +4: Wenn diese Jugendlichen die Umwelt verschmutzen, dann muss man mit ihnen reden.
в) +1: Wenn du dich für Sibirien interessierst, lies dieses Buch.
г) +3: Wenn wir uns heute nicht um die Natur kümmern, dann wird es morgen zu spät sein.

8 **а)** чтобы защитить окружающую среду.   **б)** чтобы остановить загрязнение воздуха. **в)** чтобы защитить птиц и рыб.

Du findest hier die Fachbegriffe, die im **Grammatischen Beiheft** verwendet werden sowie einige *kursiv (schräg)* gedruckte Wörter, deren Wiedergabe im Russischen Besonderheiten aufweist. Die Tilde (~) ersetzt jeweils das fett gedruckte Stichwort.
Der Pfeil (→) zeigt dir, unter welchem lateinischen Stichwort du die gesuchte Information findest. Die Zahlen beziehen sich auf die Paragrafen im **Grammatischen Beiheft**.